Lh⁵
418.

N. napful.

BATAILLE

DE

TINCHEBRAY.

27 SEPTEMBRE 1106.

*Par M. Surel,
Régent de 3e. au Collége de S^t.-Lo.*

A SAINT-LO,
De l'Imprimerie de J. Elie.

1829.

Bataille
DE TINCHEBRAY.

Septembre 1106.

Guillaume-le-Conquérant avait laissé la couronne d'Angleterre à Guillaume-le-Roux, le second de ses fils ; la Normandie et le Maine, à Robert, qui était l'aîné, mais qu'il jugeait incapable de gouverner de vastes états. Henri, le plus jeune, n'avait eu que la dot de sa mère ; à la mort de son frère le Roux, il profita de l'absence de Robert qui s'illustrait en Palestine, pour usurper le trône d'Angleterre.

Robert,[1] doué de la force guerrière, de la bouillante ardeur qui faisaient le paladin, mais dépourvu des qualités qui font les bons princes, toujours environné de bouffons, de courtisanes, laissait

---

[1] Dit Gambaron, ou Courte-Cuisse (*Gaillard.—Selden*).

à des favoris indignes le soin de ses états. Le commerce abandonné, les champs incultes, le peuple sans appui contre la violence des grands, rançonné par des troupes de brigands et d'incendiaires, accusaient sa faiblesse et sa négligence. Des exactions criantes, commises en son nom, et que ses prodigalités étaient loin de justifier, aliénaient tous les esprits. L'insubordination de la noblesse, ses révoltes impunies, des guerres éternelles entre les vassaux, en un mot, le triomphe de l'anarchie féodale couvraient son domaine de sang et de ruines.

Aussi, Guillaume-le-Conquérant, qui connaissait si bien le caractère de son fils et de ses peuples, disait :[1]

> Mult a à fere et à penser,
> Robert, ki deit tel gent garder.

Henri, au contraire, sur un trône usurpé, s'étudiait à faire oublier son crime. Hypocrite et ambitieux, il cédait volontiers aux plus basses exigences pour se créer des partisans. L'appas de l'or et des honneurs qu'il savait présenter à la cupidité des barons restés fidèles à son frère, attirait les uns, ébranlait la fidélité des autres. Des lois tyranniques abrogées, des promesses dont il ne devait jamais se souvenir, quelques sages règlemens lui avaient en partie gagné l'affection des Anglais. Ce peuple, que le Conquérant et son avare successeur avaient courbé sous un joug de fer, commençait à respirer, quand la guerre qui divisait depuis long-temps la Normandie et l'Angleterre, prit un caractère plus sérieux.

[1] Robert Wace, trouvère normand du 12.e siècle.

Dès l'an 1105, le roi d'Angleterre, descendu à Barfleur,[1] s'était emparé de Carentan, avait livré aux flammes Bayeux, qui refusait de lui ouvrir ses portes : Caen, malgré les efforts de son gouverneur, s'empressa de lui envoyer ses clefs. Fier de tant de succès, il poursuivit le duc de Normandie jusque sous les murs de Falaise ; mais il trouva dans les murailles de cette ville, et surtout dans la bravoure de ses habitans, un obstacle invincible. Il sut profiter des rigueurs de l'hiver pour se retirer sans honte. Il remit donc à la voile, se promettant bien, à la belle saison, de poursuivre son entreprise.

Henri, après avoir passé l'hiver au milieu d'immenses préparatifs de guerre, vient débarquer entre Caen et Bayeux, traînant à sa suite toutes les forces de l'Angleterre. Le duc de Bretagne et le comte d'Anjou, ses alliés, arrivent bientôt à la tête de leurs troupes, et vont commencer la campagne par le siège du château de Tinchebray.[2]

---

[1] Le port de Barfleur était alors le plus fréquenté de la Normandie. (*M. de Gerville.*)

Les chroniques écrivent diversement ce nom. Mathieu Paris écrit *Herchebray*, Orderic Vital, *Tenerchebraicum*. On lit aussi *Tenebrachium*, dans les annales de Baronius.—Le château de Tinchebray fut bâti pendant la première moitié de l'onzième siècle, sous le règne de Robert-le-Diable, par Guillaume, comte de Mortain et petit-fils de Richard-sans-Peur, troisième duc de Normandie. Il était défendu au sud et à l'ouest par un marais profond et des rochers escarpés. De fortes murailles flanquées de tours, et des fossés le protégeaient au nord et à l'est. Des souterrains, que l'on voit encore aujourd'hui, le mettaient en communication avec des forts avancés. Il fut rasé après la bataille. Le peu qui en reste

Le roi d'Angleterre n'ignorait pas qu'il ne pourrait forcer, sans des peines extrêmes, une place si bien fortifiée (*Munitissimum Herchebray castellum.—Mathieu Paris*). Il élève donc un fort devant, pour la tenir en respect, y laisse de nombreux corps de cavalerie et d'infanterie, et se dirige sur sa bonne ville de Domfront.[1]

Gille II de La Roque, châtelain de Tinchebray, avertit le comte de Mortain, dont il relevait, du danger qui le presse. Celui-ci vole à son secours, augmente la garnison et fait entrer des vivres dans la place. Quand les fourrages vinrent à manquer, on coupa les blés, encore verts, pour la cavalerie. De St-Jean et les Anglais renfermés dans leur fort, n'osèrent arrêter ces secours. Henri, de retour, et instruit de ce qui s'était passé pendant son absence, change le siège en blocus.

Si les assauts livrés au château furent vifs et multipliés, la résistance fut longue et opiniâtre. Attaqué

---

semble échappé à la fureur des Anglais, pour rappeler à la mémoire la barbarie de leur roi, et vouer son nom au courroux de la postérité. La famille de Lusignan possédait la châtellenie de Tinchebray. Selles-de-Lusignan, châtelain en 1066, accompagna à la conquête d'Angleterre Guillaume-le-Bâtard, avec les seigneurs de La Lande et de Cerisy. Treize hommes pour Tinchebray, sous la conduite de Roger d'Amoudeville, partagèrent les périls de cette expédition. Gille II de La Roque, châtelain en 1096, et les seigneurs de Cerisy et de La Lande, suivirent le prince Robert à la première croisade.

[1] En 1091, les habitans de Domfront convièrent Henri de venir prendre possession de leur château. Cette trahison fut une source de calamités pour le pays (*Histoire de Domfront*).

avec fureur par les Bretons et les Anglais, le comte de Mortain implore le secours de son suzerain. Le duc de Normandie, suivi du comte de Belesme, de d'Estouteville, de Guillaume-de-Ferrière et de quelques autres grands vassaux, sort de Falaise, à la tête d'une armée peu nombreuse, il est vrai, mais pleine de courage et d'audace. Arrivé à Tinchebray, il invite le roi d'Angleterre à lever le siège ou à accepter la bataille.

Henri n'était pas d'un caractère à abandonner une proie qu'il croyait déjà dévorer. Ses conseillers avaient trop d'intérêt à dépouiller un prince qu'ils avaient lâchement abandonné, pour ne pas partager ses desseins. Aussi vit-on les comtes de Meulan, [1] d'Evreux, du Mans, de Conches, de Montfort rejeter tout accommodement. La province frémit d'horreur à la nouvelle de ce combat, où l'on allait voir, dans des rangs opposés, les pères et les fils, les frères s'entr'égorger.

L'incendie de Bayeux avait exaspéré les Normands contre le roi d'Angleterre qui saccageait la province. Les malheurs de Robert, au contraire (chose assez rare), grossissaient de jour en jour le nombre de ses partisans. On allait en venir aux mains : Orderic Vital, [2] à la tête de quelques pieux cénobites, abandonne les retraites solitaires de St-Evroult, et se rend au camp du roi d'Angleterre. Mais que pouvait la sagesse de ses conseils sur l'âme d'un ambitieux et

[1] Dumoulin.
[2] Orderic Vital.

de lâches déserteurs ? Ses avis rejetés, il s'arme de la puissance que la religion a mise dans ses mains, il jette un interdit sur les deux frères.

A ce coup inattendu, Henri feint de prêter l'oreille aux conseils du solitaire. Il propose la paix, mais à des conditions si humiliantes, que l'honneur du prince et de ses barons ne peut y souscrire. Il demande la moitié de la Normandie et le gouvernement de la province entière. Les comtes de Mortain et de Belesme, surtout, sont indignés d'une telle proposition.

Henri a l'audace de prendre Dieu à témoin de la justice de sa cause. Il rend la liberté à quelques prisonniers,[1] promet de relever les églises qu'il a incendiées. Ils s'avancent ensuite au combat, ces deux frères ennemis, que n'avaient pu toucher la voix de la religion et les cris de détresse des peuples opprimés.

Le trouvère, déjà cité, dit à ce sujet :

> Grant fu la guerre et grant fu l'ire;
> Mais tout ne puis compter ni dire
> Del rey Henri et de son frère
> D'un père nez et d'une mère.

Quel était le prix de la victoire ? La Normandie. Elle devait rester à ses ducs ou passer sous la domination anglaise. Le roi de France avait donc le plus grand intérêt à soutenir les droits de son vassal. Son intervention, quand même elle n'aurait pas été

---

[1] Ils étaient tombés en son pouvoir au siège de Bayeux et à la prise du fort de St-Pierre-sur-Dives.- (*V. Gallia christiana*).

réclamée, était juste ; elle ressortissait du système féodal. Mais l'indolent Philippe I.ᵉʳ, qui n'avait pas empêché Guillaume-le-Bâtard de conquérir l'Angleterre, vit de sang froid les Anglais mettre le pied sur le sol de la France.

Les deux armées se trouvèrent en présence sous les murs de Tinchebray.[1] Renault de Bayeux, pour les Anglais, commandait le premier bataillon ; le comte de Meulan, le second ; Guillaume de Varenne, le troisième ; Helie, comte d'Anjou, avait sous ses ordres la cavalerie bretonne et les Manceaux qui formaient un corps séparé. Le Roi s'entoura de Normands et d'Anglais.

Les troupes de Robert étaient bien inférieures [2] en nombre ; mais sa valeur, prouvée par des prouesses immortelles sur les bords de l'Oronte [3] et dans les plaines d'Ascalon, lui valait de nombreuses cohortes. Ce prince aventureux comptait moins sur le nombre de ses troupes que sur son bras et le courage de ses Normands. Il confia l'avant-garde au comte de Mortain, l'arrière-garde au comte de Bélesme ; il se réserva le centre, pour mieux animer ses soldats en payant de sa personne.

[1] (*V. Lingard*). Je serais porté à croire que le champ connu sous le nom de *Henriet* fut une partie du champ de bataille, et qu'il emprunta son nom du vainqueur. Les chroniques s'accordent à dire que l'on combattit à l'ouest du château.

[2] Robert avait au plus sous ses drapeaux 16,000 hommes. Le roi d'Angleterre en avait au moins 30,000.

[3] (*V. Michaud*). Histoire des Croisades.

Ces nouveaux enfans d'Œdipe [1] haranguent leurs troupes. Le roi d'Angleterre irrite ses insulaires contre le duc de Normandie, en le peignant à leurs yeux comme l'ennemi juré de leur puissance et de leurs libertés, comme un prince abandonné de Dieu dont il n'avait pas écouté la voix qui l'appelait au trône de Jérusalem. Robert se contente de rappeler à ses compagnons d'outre-mer, leurs exploits et leur gloire.

Au signal donné par les trompettes, [2] le duc de Normandie, à la tête d'une poignée de braves, s'élance sur les bataillons ennemis, et s'ouvre un passage à travers les rangs qu'il brise. Les cohortes s'avancent sur ses traces et se heurtent avec fracas. Le comte de Mortain attaque les Anglais, les fait reculer, les presse, jette le désordre dans leurs rangs et les met presque en déroute.

Le comte d'Anjou s'était porté sur le corps que commandait le comte de Bélesme ; des ruisseaux de sang arrosèrent bientôt le terrain qu'ils se disputaient. Robert conservait toujours l'avantage. Les Anglais, battus sur tous les points, commençaient à se débander ; le Roi s'avance alors à la tête d'un corps de cavalerie, suivi d'une nombreuse infanterie, et rappèle les fuyards au combat.

L'action recommence alors avec une nouvelle fu-

---

[1] Orderic Vital.

[2] (*V. Mathieu Paris.*) On ne sera plus étonné de cette attaque brusque du prince normand, quand on se rappèlera que souvent ce moyen lui avait réussi contre les infidèles ; que souvent son audace avait fait l'admiration de l'armée des Francs en Asie.

reur, mais la partie n'était plus égale. Les Normands, affaiblis par une première lutte couronnée du succès, n'opposent bientôt plus à ces troupes fraîches que des efforts impuissans.

Le duc de Bretagne, 1 à la tête de sa cavalerie, fond à son tour sur le centre, recule devant le prince normand, revient à la charge et rompt le corps de bataille.

Alors tout se mêle, tout se confond ; 2 le désespoir remplace le courage ; on combat corps à corps avec une rage de tigre ; la haine et la fureur qui animent les deux frères embrasent également leurs soldats. La fuite du fougueux comte de Bélesme ajoute au désordre et hâte le carnage des siens. Au milieu de cette mêlée effroyable, un gentilhomme breton 3 se précipite seul, le sabre à la main, frappe, renverse tout sur son passage, et son audace triomphante entraîne enfin la victoire du côté des Anglais.

Le valeureux Robert honora sa chute par des prodiges de valeur. Investi de toutes parts par une multitude de Bretons et d'Anglais, qui poussaient des cris affreux et brûlaient de le saisir, il se rendit à Baldric, 4 aumônier du roi d'Angleterre. Un évêché

---

1 La Biographie universelle rapporte qu'Alin, duc de Bretagne, décida du gain de la bataille en faveur des Anglais, et que Guillaume Daubigné, gentilhomme breton, fit prisonnier le prince Robert. Nous avons suivi Mathieu Paris et Orderic Vital.

2 Chroniques neustriennes.

3 V. Mathieu Paris.

4 Orderic Vital.

fut la récompense de ce prêtre guerrier. Le comte de Mortain, Guillaume de Ferrière, de La Roque, d'Estouteville furent pris par les Bretons.

Citons encore une fois le trouvère normand :

> Fu pris li dus (duc), fu pris li cens (comte),
> Nul ne fu recors (réclamé) par les siens ;
> Plusor qui de lor (d'eux) fief teneint
> E qui od els (avec eux) estre deveint
> Lor signor à besoig guerpirent.

[1] Cette victoire coûta peu de sang au roi d'Angleterre. Il n'en fut pas ainsi du côté des Normands : le nombre des morts fut incalculable ; dix mille hommes tombèrent au pouvoir des Anglais. Dans ce nombre se trouvaient quatre cents chevaliers ou barons. Edgard Atheling, [2] dernier rejeton de la race royale de Cerdic, et roi d'Angleterre, pendant quelques jours, fut aussi du nombre des prisonniers.

De Tinchebray, le roi d'Angleterre se rendit sous les murs de Falaise, [3] qui refusa de lui ouvrir ses portes, jusqu'à ce que l'obéissance lui eût été commandée par le prince captif. Ce fut là que le fils de

---

[1] Ce passage, quoique tiré d'une lettre de Henri I.er à l'archevêque de Cantorbéry, qu'il informe de sa victoire, me semble suspect. La valeur des Normands est trop connue pour qu'on puisse supposer qu'ils n'aient pas vendu cher leur vie. Le récit de Mathieu Paris vient à l'appui de ces soupçons.

[2] Ce prince anglo-saxon, dépouillé de sa couronne par le Conquérant, s'était retiré à la cour du prince normand dont il partageait les goûts. Il l'avait suivi à la Terre-Sainte, où il commandait un corps d'Anglais expatriés. (*Orderic Vital.—Michaud.*)

[3] Essai sur l'Histoire de Falaise.

Robert fut présenté à Henri, qu'il ne put voir sans horreur.

Lisieux ne le reçut dans ses murs que quand il eut promis à l'évêque Flambart [1] de le maintenir dans la possession de son évêché et d'en assurer la jouissance à son fils. Là il convoqua une assemblée générale.

Les notables des trois ordres y furent appelés. [2] Après quelques règlemens pour arrêter la licence des mœurs qui était à son comble, il fut statué que tous les prisonniers tombés en son pouvoir à la bataille de Tinchebray, seraient conduits en Angleterre; que le comte de Mortain, d'Estouteville, Guillaume Crespin seraient dans des prisons perpétuelles; que, dans la crainte de nouveaux troubles en sa faveur, Robert serait conduit en Angleterre et renfermé dans une prison où il serait traité selon sa qualité; que tous les châteaux bâtis depuis la mort du Conquérant seraient rasés, comme des repaires de voleurs. [3]

Si la perte de la bataille de Tinchebray n'avait fait qu'entraîner la ruine de tous ces châteaux forts qui hérissaient la Normandie, et ne servaient que trop bien la tyrannie des grands, elle aurait au moins consolé le pays par l'espoir d'un avenir plus heureux; mais, en donnant à la couronne de France le roi d'Angleterre pour vassal, elle réveilla cette rivalité fatale, que

---

[1] Les désordres de ce prélat faisaient gémir son église (*Annales de Baronius*).

[2] La représentation du tiers-état ne devint générale en France que sous Philippe-le-Bel, 1305.—(*Thiessé.*)

[3] V. Gallia christiana.

l'ambition de Guillaume-le-Conquérant avait fait naître entre ces deux puissances, et qui s'était assoupie à sa mort. Elle donna le signal de ces guerres qui, après avoir désolé la Normandie pendant un siècle entier, s'allumèrent sur presque tous les points de la France, et amenèrent les funestes journées de Crécy, de Poitiers et d'Azincourt.

Le roi d'Angleterre, non content d'avoir trempé ses lauriers dans le sang des vaincus, les flétrit encore par la manière dont il usa de sa victoire.

Il eut la barbarie d'enchaîner [1] le captif à son char de triomphe, et de le traîner ainsi dans les villes de Rouen et de Londres. Robert et le comte de Mortain furent jetés dans le donjon de Cardiff. Nous ne suivrons pas l'histoire de l'illustre captif, dans l'enceinte de sa prison : il suffira de dire que l'infâme Henri s'étudia à humilier un prince qui était né son suzerain, et que son courage mettait au premier rang des chevaliers d'occident; que pour dissiper des craintes toujours renaissantes, il arma la main d'un bourreau et lui fit arracher les yeux : à ce trait, on reconnaît un tyran.

Le prince aveugle s'était promis que son fils s'armerait pour venger tant d'outrages. Il ne se trompait pas. Mais le jeune Clyton, [2] l'amour et l'espoir des Normands, tour à tour soutenu et abandonné par le roi de France, périt sous les murs d'Alost, de la

[1] Chronique neustrienne.

[2] C'était chez les Anglo-Saxons la qualification particulière des princes du sang royal (*Selden.*

main d'un Anglais. La nouvelle de sa mort, qui remplit de joie la cour de Londres, descendit aussi dans la prison de Robert, dont elle brisa le cœur et confondit l'espoir. Incapable de résister plus longtemps à sa douleur, il expira enfin, sous les créneaux de Bristol, après vingt-huit ans de captivité, celui qui avait brisé les fers des chrétiens d'Orient et refusé la couronne de Jérusalem.[1]

N. B. Si l'auteur de l'Essai sur l'Histoire de Domfront avait consulté les statuts du concile de Lisieux, peut-être aurait-il trouvé l'origine de ce dicton : *Tandem advenimus Tinchebraium, speluncam latronum.* Les châteaux qui furent rasés après la bataille, avaient été traités dans le concile de *nidos tyrannidis*, et *speluncas latronum*. La bataille décisive qui se livra sous les murs de Tinchebray, expliquerait, je pense, pourquoi il aurait, plutôt que tout autre, conservé cette qualification. Je la crois aussi peu injurieuse que cette autre que le même auteur cite pour se dédommager, sans doute, d'avoir feuilleté en vain, les commentaires de César, afin d'y trouver la première. On lit, dit-il, dans Trigan, (hist. ecclés.,

---

[1] Après la prise de Jérusalem, les princes chrétiens offrirent la couronne de ce nouveau royaume à Robert, duc de Normandie (*Orderic Vital*).

« Je vous remercie, leur dit-il, je suis venu chercher une palme et non pas une couronne » (*Chroniques neustriennes*).

tom. 4), que Henri, dans la conférence qu'il eut à Gisors, avec le pape Calixte II, qualifie Tinchebray de vraie caverne de démons, *speluncam dæmonum obsedi*. (Orderic Vital). Pour apprécier cette qualification, il suffira de savoir qu'elle est sortie de la bouche de ce même Henri, dont nous venons de voir les procédés envers son frère. Furieux encore de s'être morfondu pendant plusieurs mois sous les murs d'un château, dont son or et ses menaces n'avaient pu faire ouvrir les portes, et qui avait combattu jusqu'au dernier moment pour la cause de son prince, il crut le flétrir aux yeux du pape, en le qualifiant de *vraie caverne de démons*. Je crois, moi, que le démon était celui qui, au mépris du sang et des traités, avait envahi les biens de son frère et le faisait encore languir dans les fers, que sa caverne se trouvait là seulement où la trahison avait favorisé ses ambitieux projets.

FIN.

www.ingramcontent.com/pod-product-compliance
Lightning Source LLC
Chambersburg PA
CBHW071443060426
42450CB00009BA/2284